Inhalt

Konvergenz von IFRS und US-GAAP - Aktueller Stand

Kernthesen

Beitrag

Fallbeispiele

Weiterführende Literatur

Impressum

Konvergenz von IFRS und US-GAAP - Aktueller Stand

A. Kaindl

Kernthesen

- Eine mögliche Anerkennung der IFRS in den USA sowie die Finanzmarktkrise zeigen die Notwendigkeit der Entwicklung global einheitlicher Rechnungslegungsstandards auf.
- Im Rahmen ihres Konvergenzprojekts zielen IASB und FASB darauf ab, diesem Ziel durch die Entwicklung prinzipienbasierter Rechnungslegungsstandards zu entsprechen.
- Der ursprüngliche Plan, das Konvergenzprojekt im Wesentlichen bis Juni

2011 abzuschließen, wurde bereits wegen zahlreicher Hindernisse modifiziert.

Beitrag

Was ist unter der Konvergenz von IFRS und US-GAAP zu verstehen?

Die unterschiedliche Rechnungslegung von großen, international agierenden Unternehmen schränkt für die Adressaten der Rechnungslegung die weltweite Vergleichbarkeit von Unternehmensabschlüssen ein. Zudem entsteht vielen Unternehmen ein erheblicher Mehraufwand, wenn sie an unterschiedlichen Börsen gelistet sind und ihre Finanzberichterstattung parallel nach unterschiedlichen Rechnungslegungsnormen aufstellen müssen. Ziel der Konvergenz der weltweit insbesondere für börsennotierte Unternehmen maßgeblichen Rechnungslegungsvorschriften US-GAAP und IFRS ist es daher, global einheitliche Rechnungslegungsnormen zu schaffen, die verständlich und durchsetzbar sind und deshalb von allen Beteiligten an den weltweiten Kapitalmärkten akzeptiert werden.

Mit der Konvergenz von Rechnungslegungsstandards

wird die Annäherung unterschiedlicher Rechnungslegungssysteme bezeichnet. Die Unterschiede zwischen den Normensystemen sollen schrittweise reduziert werden und theoretisch zur Identität von US-GAAP und IFRS führen. Unterschiede zwischen Rechnungslegungssystemen resultieren unter anderem aus der Geschichte, der Kultur sowie dem Rechts-, Wirtschafts- und Steuersystem.

Die auf die Kapitalmarktinformation ausgerichtete Konzernrechnungslegung der kapitalmarktorientierten Unternehmen erfolgt in der EU seit 2005 grundsätzlich unter Anwendung der IFRS. Derzeit finden die IFRS nicht nur in der EU, sondern auch in einer Vielzahl weiterer Länder Anwendung. Dies darf dennoch nicht über die Bedeutung der US-GAAP hinwegtäuschen. Zum einen legen US-amerikanische Unternehmen weiterhin nach US-GAAP Rechnung, zum anderen beeinflussen die US-GAAP bzw. das FASB (Financial Accounting Standards Board) die Entwicklung der IFRS. [1]

Beginn des Konvergenzprojektes

Die ersten Schritte zur Annäherung von IFRS und US-GAAP sind auf die International Organisation of

Securities Commissions (IOSCO) zurückzuführen. Die IOSCO hatte die grundsätzliche Akzeptanz (mit diversen Einschränkungen) der IFRS für grenzüberschreitende Börsenzulassungen von multinationalen Konzernen erklärt.

Ausgangspunkt der weiteren Entwicklung ist das sogenannte "Norwalk-Agreement" aus dem Jahr 2002. Diese Vereinbarung kann als Beginn der offiziellen Zusammenarbeit zwischen IASB (International Accounting Standards Board) und FASB bezeichnet werden. Das mit dem "Norwalk Agreement" eingeleitete Konvergenzprojekt verfolgt das Ziel, einen einzigen Satz qualitativ hochwertiger prinzipienorientierter Rechnungslegungsstandards zu entwickeln, die verständlich und durchsetzbar sind und deshalb von allen Marktteilnehmern an allen Börsenplätzen akzeptiert werden. Die von den Standardsetzern IASB und FASB angestrebte Konvergenz ihrer Rechnungslegungssysteme soll durch die Bearbeitung zahlreicher Themengebiete in Form von einzelnen Konvergenzprojekten erreicht werden. [1]

Aktueller Stand der einzelnen Konvergenzprojekte

Ursprünglich war geplant, alle wesentlichen

Konvergenzprojekte bis Juni 2011 abzuschließen, da einige Staaten die Umstellung auf die IFRS bzw. die Entscheidung darüber für 2011 planen. Der Fortschritt der Konvergenzprojekte wird dabei z.B. in den USA als ein entscheidender Faktor bei der Entscheidung über die künftige Rolle der IFRS an ihren Kapitalmärkten angesehen. Auch die 20 führenden Industrienationen (G-20) drängen, u.a. als Konsequenz aus der Finanzkrise, auf die Entwicklung eines einzigen Satzes weltweit gültiger Rechnungslegungsstandards bis Mitte 2011. (1), (4)

Zahlreiche Unternehmen haben allerdings Bedenken geäußert, dass der Zeitplan zu ambitioniert ist. Die Veröffentlichung mehrerer Standardentwürfe innerhalb weniger Monate lässt den Unternehmen nicht ausreichend Zeit, um zu diesen in der gewünschten Qualität Stellung nehmen zu können. In der Folge wurde daher beschlossen, eine Priorisierung innerhalb der Vielzahl an aktuellen Projekten vorzunehmen. Mit hoher Priorität werden nun Projekte verfolgt, die zu einer deutlichen Verbesserung sowie einer weiteren Annäherung zwischen IFRS und US-GAAP führen. Nachfolgend aufgelistete Projekte wurden mit einer hohen Priorität versehen: "Financial Instruments", "Revenue Recognition", "Leases", "Presentation of Other Comprehensive Income" sowie "Fair Value Measurement". Für diese Projekte bleibt das Ziel der

Konvergenz bis Mitte 2011 oder früher bestehen. Für Themen mit geringerer Priorität oder größerem Analysebedarf wurde das Zieldatum verschoben. Davon sind insbesondere die Projekte "Financial Statement Presentation", "Financial Instruments with characteristics of Equity", "Consolidation" sowie "Derecognition" betroffen. (1), (4)

Der trotz der vorgenommenen Modifikation weiterhin sehr eng gesteckte Zeitplan birgt die Gefahr neuer Inkonsistenzen, die dem Ziel der Entwicklung qualitativ hochwertiger Rechnungslegungsstandards zuwider laufen können. So zeigt die Vergangenheit, dass die Zeitpläne vieler Konvergenzprojekte häufig überschritten wurden, weil sich komplizierte Projekte nicht im Eilverfahren erledigen lassen. (1)

Aktueller Stand der Anerkennung der IFRS in den USA

Unternehmen, die den US-amerikanischen Kapitalmarkt in Anspruch nehmen, unterliegen grundsätzlich den gleichen Registrierungs- und Berichterstattungspflichten wie US-amerikanische Unternehmen. Bis zum Jahr 2007 waren ausländische Unternehmen verpflichtet, wesentliche Abweichungen ihrer angewandten Bilanzierungsgrundsätze und -methoden von den US-

GAAP zu erläutern und in Form einer Überleitungsrechnung zu quantifizieren. 2007 wurde in den USA der Entschluss gefasst, auf diese Überleitungsrechnung zu verzichten, wenn das ausländische Unternehmen seinen Jahresabschluss nach den IFRS aufstellt. Die Anerkennung von IFRS-Abschlüssen durch die US-amerikanische Börsenaufsicht SEC bezieht sich auf die IFRS "as issued by the IASB" und nicht auf andere Fassungen der IFRS, wie sie innerhalb bestimmter Länder übernommen wurden bzw. angewendet werden. Hinsichtlich US-amerikanischer Unternehmen plant die SEC für 2011 die Entscheidung, inwiefern diesen die Anwendung der IFRS ermöglicht oder vorgeschrieben werden soll. Die SEC geht in einer Stellungnahme vom Februar 2010 davon aus, dass die IFRS grundsätzlich geeignet sind, einen einzigen Satz qualitativ hochwertiger, weltweit anwendbarer Bilanzierungsstandards zu verkörpern.

Bis die SEC eine endgültige Entscheidung über eine Anwendung der IFRS bei US-amerikanischen Wertpapieremittenten fällen kann, sind noch einige Fragen klärungsbedürftig. Erst einmal wird der hierzu entwickelte Arbeitsplan abgearbeitet und der Abschluss der wesentlichen Bestandteile des Konvergenzprojektes abgewartet. (1)

Das Codification-Projekt des FASB

Die einzelfallbasierten US-GAAP, bestehend aus Verlautbarungen unterschiedlicher standardsetzender Organisationen, wurden als zu komplex, voluminös und unübersichtlich kritisiert. Dies hat das FASB u.a. dazu veranlasst, künftig eine prinzipienorientiertere Ausgestaltung der Rechnungslegungsstandards anzustreben und das Codification-Projekt ins Leben zu rufen. Ziel des Projektes ist die Schaffung einer einfacheren und benutzerfreundlichen Neukodifizierung der US-GAAP, um die Informationsqualität von US-GAAP-Abschlüssen für Anwender, Prüfer und Adressaten der Rechnungslegung zu verbessern. Die Neustrukturierung der US-GAAP trat am 01.07.2009 in Kraft. Die neue Ordnungsstruktur ist deutlich an den IFRS angelehnt, so dass sich Auswirkungen auf die angestrebte Konvergenz mit den IFRS ergeben können. (1)

Hindernisse auf dem Weg zu globalen Bilanzierungsstandards

Das privatwirtschaftlich organisierte IASB entwickelt die Standards, kann sie aber nicht rechtsverbindlich umsetzen. Die EU-Kommission und die Regierungen der einzelnen Länder setzen die Vorschläge des IASB in geltendes Recht um. Lange war das IASB nur Experten bekannt. Meist winkten die Regierungen seine Vorschläge einfach durch. Doch seit dem Ausbruch der Finanzkrise sind die internationalen Bilanzierungsvorschriften ins öffentliche Interesse gerückt. Die nationalen Regierungen und die EU-Kommission versuchen politischen Druck auf das IASB auszuüben. Jüngstes Beispiel: Ende 2009 veröffentlichte das IASB den IFRS 9, der den alten Standard IAS 39 zur Bilanzierung von Finanzinstrumenten schnellstmöglich ersetzen sollte. Doch weil Versicherungs- und Finanzkonzernen die modifizierten Regeln nicht in den Kram passten, hat die EU-Kommission die Umsetzung des IFRS 9 in europäisches Recht gestoppt. (2)

Doch nicht nur aus Europa gab es Ärger. Nach der Veröffentlichung seines Entwurfs zur Bilanzierung von Finanzinstrumenten wartete das IASB gespannt auf die Antwort der Amerikaner. Denn klar war, dass die bis Juni 2011 geplante Konvergenz nur dann erreicht werden konnte, wenn das FASB mit seinen Vorstellungen nicht allzu sehr vom IASB-Entwurf abwich. Der von den Amerikanern vorgelegte Entwurf verfolgt genau die entgegengesetzte Richtung wie der neue IFRS 9. Während der IASB in seinem neuen IFRS 9 versucht, die unter heftiger Kritik stehende Bilanzierung zum Fair Value einzudämmen, beharren die Amerikaner nicht nur auf der Fair-Value-Bilanzierung, sondern das umstrittene Konzept wird sogar noch gestärkt. Die Vorschläge von FASB und IASB zur Ermittlung von Wertminderungen unterscheiden sich grundlegend. Der FASB hält weiterhin an dem sogenannten "Incurred Loss Model" fest. Das heißt, Wertberichtigungen werden erst nach Eintritt des Verlustereignisses gebildet. Das IASB geht hingegen vom Incurred Loss auf ein Expected Loss Model über. Dabei wird die Risikovorsorge auf Basis der erwarteten Ausfälle während der Gesamtlaufzeit des Finanzinstruments bestimmt. Dies bedeutet, dass der Bildung von Risikovorsorge kein Verlustereignis vorausgehen muss. (3), (5)

Trends

Bei den mit einer hohen Priorität versehen Konvergenz-Projekten ist zu "Revenue Recognition", "Fair Value Measurement", "Financial Instruments - Classification and Measurement" sowie "Presentation of Other Comprehensive Income" bereits ein Exposure Draft erschienen. Zu den Themen "Leasing", "Financial Instruments - Hedge Accounting" sowie "Financial Instruments - Asset and liability offsetting" soll noch in 2010 ein Exposure Draft veröffentlicht werden. Die finalen Standards für die meisten dieser Projekte sind für das zweite Quartal 2011 geplant. Nur der IFRS zu "Fair Value Measurement", der Implementierungsrichtlinien sowie ein einheitliches Verständnis des Fair Value-Begriffs nach US-GAAP und IFRS schaffen soll, ist für das erste Quartal 2011 vorgesehen. Die Veröffentlichung des IFRS "Presentation of Other Comprehensive Income" soll noch im letzten Quartal 2010 erfolgen. Ebenfalls noch bis Juni 2011 sollen Standards zu weiteren zentralen Themen wie "Liabilities", "Insurance Contracts", "Income Taxes" sowie "Post-employment Benefits" veröffentlicht werden. [1]

Fallbeispiele

Der Unterschied beträgt fast 700 Milliarden Euro. Um diesen Betrag fällt die Bilanzsumme der Deutschen Bank höher aus, wenn die Bilanz nach IFRS erstellt wird. Gemäß diesem Regelwerk kommt Deutschlands größte Bank zum Stichtag 31. März 2010 auf eine Bilanzsumme von 1,67 Billionen Euro. Wendet sie stattdessen US-GAAP an, reduziert sich die Bilanzsumme auf 978 Milliarden Euro. Diese deutliche Differenz, die bei der Deutschen Bank in der Vergangenheit auch schon mal 1 Billion Euro ausgemacht hat, ist auf die unterschiedlichen Aufrechnungsmöglichkeiten von Derivaten zurückzuführen. Dieses Verfahren regeln die US-GAAP großzügiger als die IFRS. Das Beispiel verdeutlicht, wie weit die europäischen und amerikanischen Bilanzregeln auseinander liegen können. (3)

Weiterführende Literatur

(1) Zum Stand der Konvergenz von IFRS und US-GAAP. Eine Analyse der aktuellen Ereignisse
aus HANDELSBLATT online 02.08.2010 13:00:05

(2) Spielverderber Seit der Finanzkrise tobt ein Streit, nach welchen Regeln Unternehmen künftig ihre Bilanzen aufstellen sollen. Die Vorschriften des Bilanzrats IASB galten lange als Favoriten. Doch nationale Regierungen und EU-Kommission pochen auf ihren Einfluss. Der Traum vom globalen Standard droht zu platzen
aus Financial Times Deutschland vom 09.09.2010, Seite 23

(3) Einheitliche Bilanzregeln rücken in weite Ferne
aus Frankfurter Allgemeine Zeitung, 04.06.2010, Nr. 126, S. 15

(4) Einheitsbilanzen kommen später Regelgremien FASB und IASB verlieren Glauben an pünktliche Harmonisierung
aus Financial Times Deutschland vom 04.06.2010,

Seite 17

(5) Bei der Bilanzierung geht Konsistenz vor Konvergenz
aus Börsen-Zeitung, 29.05.2010, Nummer 101, Seite 4

Impressum

Konvergenz von IFRS und US-GAAP - Aktueller Stand

Bibliografische Information der deutschen Nationalbibliothek

Die Deutsche Nationalbibliothek verzeichnet diese Publikation in der deutschen Nationalbibliografie; detaillierte bibliografische Daten sind im Internet über http://dnb.d-nb.de abrufbar.

ISBN: 978-3-7379-1392-8

© 2015 GBI-Genios Deutsche Wirtschaftsdatenbank GmbH, Freischützstraße 96, 81927 München, www.genios.de

Alle Rechte vorbehalten. Dieses Werk ist einschließlich aller seiner Teile – z.B. Texte, Tabellen und Grafiken - urheberrechtlich geschützt. Jede Verwertung außerhalb der Grenzen des Urheberrechtsgesetzes bedarf der vorherigen Zustimmung des Verlags. Dies gilt insbesondere auch für auszugsweise Nachdrucke, fotomechanische Vervielfältigungen (Fotokopie/Mikroskopie), Übersetzungen, Auswertungen durch Datenbanken oder ähnliche Einrichtungen und die Einspeicherung und Verarbeitung in elektronischen Systemen.